AF302221

Gewidmet

Allen Schreibenden

Let it flow! Und genießt es.

„Ein kreativer Mensch ist primitiver und kultivierter, destruktiver und konstruktiver, sehr viel verrückter und sehr viel vernünftiger als der Durchschnittsmensch." ☺

Victor Frankl, Neurologe

Aufschlagen & Schreiben

Das Workbook III

103 neue Schreibideen

Von Caroline Susemihl

Bibliografische Information der Deutschen Nationalbibliothek:
Die Deutsche Nationalbibliothek verzeichnet diese Publikation in der Deutschen Nationalbibliografie; detaillierte bibliografische Daten sind im Internet über http://dnb.dnb.de abrufbar.

© 2015 **Caroline Susemihl**

Illustration: **Jörg Susemihl**

Herstellung und Verlag: BoD – Books on Demand, Norderstedt

ISBN: 978-3-7347-8077-6

Vorwort

Natürlich kann das Rad nicht neu erfunden werden, aber gerade in unserer schnelllebigen hektischen Zeit brauchen wir die Momente der Kreativität, uns zu erden, innere Ruhe zu finden und abzuschalten, um uns erneut den alltäglichen Aufgaben zu zuwenden. Das Workbook III liefert Schreibbegeisterten 103 neue Schreibanregungen. Um es praxistauglich zu halten, gibt es freie Seiten zum Schreiben und Notieren. An den Stift, fertig los!

„So lernte ich zum ersten Mal verstehen, dass es für den Schriftsteller das Wichtigste ist, in jeder Arbeit, selbst in solch einer kleinen Erzählung, so freigebig wie möglich sich selbst zum Ausdruck zu bringen …"

Konstantin Paustowski

Lass dich von den Aufgaben inspirieren und schreibe, was dir in den Sinn kommt. Leg dir keine Fesseln an, sondern bewege dich frei in deiner Fantasie.

Extra-Tipp I: *Such dir aus deinen Texten sechs Wörter aus und schreibe mit ihnen ein Gedicht.*

Extra-Tipp II: *Nimm den letzten Satz einer Geschichte und benutze ihn als ersten Satz für einen neuen Text.*

Eure Caroline

http://carolinesusemihl.wordpress.com
https://schreiberlebentipps.wordpress.com

1. **Schreibe über Abschied.**

2. **Hör dir ein Lied an, dass du magst und lass dich zu einer Geschichte inspirieren.**

3. Schreibe eine Geschichte mit dem Thema: Ein/e verschmähte/r Liebhaber/in sucht Rache.

4. „Dann hau doch ab!“, schrie er …

5. Die Protagonistin deiner Geschichte heißt Kitty Cat. Schreibe eine Szene, die ihren Charakter zeigt.

6. „Für dich würde ich durch die Hölle gehen!" – Schreibe, wie das aussieht …

____

____

____

____

____

____

7. Pretty Woman trifft auf Dirty Harry – was passiert?

8.   Schreibe über Einsamkeit.

9. **Schreibe über die Düfte der Jahreszeiten.**

10. Reisetasche, Bahnsteig, Coffee to go, Krawatte, Ansage, Konfetti. Benutze alle Worte in deiner Geschichte.

11. „Ich biete dir einen Deal an.“ ...

12. „Du bist irre! Total irre. … "

13. „Du gehst mir unter die Haut." Schreibe eine Geschichte, in der dieser Spruch zu trifft.

14. Schreibe darüber, ob der Tod dem Leben Bedeutung verleiht.

15. Schreibe aus der Sicht eines Rückspiegels. ☺

16. Brief, Tannenzapfen, Glühwürmchen, vermissen, Baiser, Erwartung. Benutze alle Worte in deiner Geschichte.

17. Schreibe die Szene eines Romans mit dem Titel: Tod in Rom.

18. Schreibe einen reinen Dialog, der den Titel hat: Immer diese Vorurteile.

19. Charakterisiere dein Leben mit 10 Worten. Greif dir einen Begriff heraus und schreib darüber.

20. „Mit dieser Äußerung bewegst du dich auf ganz dünnem Eis!" …

21. „Die Zeit ist um! … “

22. „Oskar hat schon wieder versucht, mich umzubringen!" …

23. „Leben ist … “

24. „Ich passe nicht mehr auf Cathy auf! Die soll sich einen anderen Schutzengel suchen…"

25. Schreibe über die Farbe und den Duft der Leidenschaft.

26. „Der Tod ist …“

27. Schreibe über Samt und Seide, mit allen 5 Sinnen …

28. „Glück ist … “

29. „Hallo! Wer ist da?" Schreibe ein Telefongespräch. Nur Dialog.

30. Schreibe den Tagebucheintrag einer 16 jährigen Schülerin, die sich in ihren Sportlehrer verliebt hat.

31. Moment, Schicksal, Ohrring, Klebstoff, lösen, Käfer. Benutze alle Worte in deiner Geschichte.

32. „In solchen Nächten werden Menschen geboren, die auf ewig
verdammt sind …“

33. Alles begann damit, dass sie nicht einschlafen konnte …

34. Schreibe eine Geschichte, in der du weißt, dass du träumst und einem anderen Träumer begegnest, der weiß, dass er in deinem Traum ist.

35. „Heute ist mir etwas passiert, das …"

36. Eisentor, Brokatkissen, Farbkleckse, Seerosenteich, Korken, Inschrift. Benutze alle Worte in deinem Text.

37. Such das wichtigste Wort aus deinem letzten Text aus und schreibe einen neuen Text.

38. Schreibe über einen Ort, an dem eine Geschichte stattfinden könnte, die dir gefällt.

39. „Du hast mir gar nichts zu sagen … "

40. Schreibe eine Szene mit Figuren an dem Ort, den du in Aufgabe 38 erfunden hast.

41. Schreibe über Bedauern.

42. Schreibe einen Dialog zwischen einer Nähmaschine und einer Bürste oder einem Handy und einem Kugelschreiber …

43. Schreibe über deine Hände oder die Hände deines/deiner Geliebten.

44. Schreibe das Ende eines Films um, das dir nicht gefallen hat.

45. Schreibe eine Geschichte, die nur aus einem (endlos) Satz besteht. Benutze Komma, Gedankenstrich, Semikolon und Bindewörter.

46. Schreibe eine schnelle Geschichte, die nur aus 5-Wort-Sätzen besteht.

47. Schreibe über das Problem „ein Herz und eine Seele" zu sein.

48. Schreibe einen skurrilen Brief an eine Kummerkastentante und ihre Antwort darauf.

49. Schreibe eine SMS - Dialog - Geschichte.

50. Visitenkarte, Blitzlicht, Nadel, Aktenschrank, Lupe, Absturz.
Benutze alle Worte in deiner Geschichte.

51. Schreibe einen Mythos: Warum leuchten Glühwürmchen?

52. Was wäre, wenn du von 12 bis 13 Uhr Gedanken lesen könntest?

53. „Wetten, dass ich ...“

54. „Zeige mir einen Helden und ich schreib dir eine Tragödie", sagte
Scott Fitzgerald. Schreibe eine Geschichte, die das bestätigt.

55. „Schlechte Entscheidungen machen eine gute Geschichte."

Schreibe über so eine schlechte Entscheidung.

56. Schreibe über Vergebung.

57. Beichten, Sühne, vertuschen, Dolch, Strahl, höher. Benutze alle Worte in deiner Geschichte.

58. Was wäre, wenn du Geister sehen könntest? Und sie dich …

59. Schreibe über: „Was du denkst, das wirst du" (von Buddha).

60. „Ist das eine Fangfrage?" …

61. Schreibe eine Geschichte über vergiftetes Schweigen.

62. Isolierband, echter Kerl, Taschentuch, ausreißen, Seifenblasen, überleben. Benutze alle Worte in deinem Text.

63. Was wäre, wenn du unsichtbar wirst, wenn du nicht die Wahrheit sagst?

64. „Was ist los?“ – „DAS – Das-Aller-Schlimmste!“ …

65. „Für den gibt es in der Hölle eine eigene Abteilung!"

66. „Er steht hinter mir?" – „Ja." …

67. Die östliche Wüste beginnt gleich hinter der großen Mauer …

68. „Ich möchte nicht spekulieren." – „Doch willst du. Tu dir keinen Zwang an." …

69. Schreibe eine Geschichte, in der der Protagonist den Charakter einer Katze hat.

70. Schreibe einen reißerischen Zeitungsartikel mit der Schlagzeile:
   Mysteriöses Verbrechen auf „Traumschiff".

71. „Sie (28) süß wie Honig, scharf wie Pfeffer, sucht unkomplizierten Ihn, mit ernsthaften Absichten. Schreib mir. Chiffre." Wer meldet sich auf die Anzeige und wie verläuft das erste Date?

72. Schreibe über eine Hochzeit, bei der alles schief geht. Onkel Theo ist schon morgens blau, die Braut wacht mit dem Stripper auf …

73. Schreibe über Phantomschmerz.

74. Rache ist … . Schreibe einen Text der deine These stützt oder widerlegt.

76. Du findest eine Flaschenpost. Was steht darin? …

77. „Los mach schon. Grab schneller!" ...

78. „Das ist nicht mein Name!“ …

79. Jan findet das Tagebuch seiner Freundin, liest darin und findet eine heikele Stelle. Was steht dort und was tut er?

____

____

____

____

____

____

____

____

____

____

____

____

____

____

____

____

____

80. Ich möchte dir eine Geschichte erzählen …"

81. Im Nachbarhaus stehen jede Nacht Kerzen in allen Fenstern. Was ist dort los?

82. Durch die Flut überrascht, verbringt eine Ehefrau die Nacht mit dem besten Freund ihres Mannes, auf einer Hallig …

83. Sie liest eine Bekanntschaftsanzeige, die genau auf ihren Freund zutrifft ...

84. „Gib auf! Das hat doch keinen Sinn." …

85. Du schaust durch den Türspion und traust deinen Augen nicht …

86. Schreibe in 90 Sek. Alle Wörter auf, die dir zu „Café" einfallen. Schreibe mit diesen Worten eine Geschichte, ohne eine Caféhaus-Geschichte zu erzählen.

87. „Ich habe Dinge getan …“

88. Schreibe einen Zeitungsartikel mit der Schlagzeile: „Jungfrau mit Bissen in den Hals getötet.“

89. Schreibe über Manipulationen.

90. Du wirst ausgewählt zu einer Gruppe von 10 zu gehören, die einen fremden Planeten besiedeln soll …

91. Schreibe über einen atemlosen Moment …

92. „Bist du sicher, dass das die richtige Adresse ist?" …

93. Patrick klopfte energisch an die Tür. Plötzlich hörte er …

94. „Wahrheit oder Pflicht?", fragte er und lächelte spöttisch …

95. „Bieten sie auch Zeitreisen an?“ …

96. „Ich liebe Klatsch. Los erzähl! Ich will alles wissen.“ …

97. Schreibe eine Geschichte in der ein Erbsenzähler, eine Schlafmütze und eine Transuse vorkommen.

98. „Woher weißt du, dass er der Richtige ist?" ...

99. „Wenn du zu unserem Zirkel gehören willst, musst du eine Mutprobe machen.“

100. Du bist Arzt. In deine Sprechstunde kommt ein Mann, der dich bittet seine Flügel zu entfernen. Bevor du etwas sagen kannst, entfaltet er sie ...

101. Schreibe über den Mythos: Warum singen Wale?

102. Dein langjährige/r Freund/in verrät dir, dass er ein Außerirdischer auf einer Mission ist …

103. Schreibe über ein Wiedersehen, mit dem die Person nie gerechnet hätte.

„Wir schreiben, um die Grenzen unseres Lebens zu überschreiten, um darüber hinausreichen zu können", schrieb Anaïs Nin. Daran hat sich nichts geändert, sei es Fiktion oder Biografie. Auf dem Papier leben wir viele Leben, erzählen Geschichten und Geschichte, erklären und klären uns. Werden ein kleines Stück unsterblich. Und doch ist da die Angst vor dem weißen Blatt. Wie beginne ich einen Text? Wie gelange ich an meine Erinnerungen? Woher nehme ich die Inspiration für ein Gedicht? Das vorliegende Büchlein

soll dem Schreibenden helfen, ohne langatmige Erklärungen anzufangen. Die Aufgaben und Inspirationen werden von kurzen, prägnanten Instruktionen begleitet und können sofort angewendet werden. Einfach eine Seite aufschlagen und jederzeit anfangen. Dazu gibt es unter dem Thema: Etwas Handwerk, praktische konkrete Tipps zur Textarbeit. Ich wünsche den Schreibenden viel Freude beim Ausprobieren der zusammengetragenen Aufgaben, die sich auch für Schreibgruppen eignen.

ISBN: 978-3-7347-7529-1